AF384732

CONGRÈS ANNUEL

DE LA

Société d'Économie Sociale et des Unions de la Paix Sociale

FONDÉES PAR F. LE PLAY

13ᵉ Session. — 17-23 *Mai* 1894

LA
RÉPRESSION DE LA MENDICITÉ
ET DU VAGABONDAGE

D'APRÈS

LA LOI BELGE DU 27 NOVEMBRE 1891

PAR

M. L. PUSSEMIER

Avocat à la Cour d'appel de Bruxelles.

(Extrait de *LA RÉFORME SOCIALE*)

PARIS

AU SECRÉTARIAT DE LA SOCIÉTÉ D'ÉCONOMIE SOCIALE

54, RUE DE SEINE, 54

1894

CONGRÈS ANNUEL

DE LA SOCIÉTÉ D'ÉCONOMIE SOCIALE ET DES UNIONS DE LA PAIX SOCIALE

13ᵉ Session. — 17-23 mai 1894.

Sous la présidence de M. AYNARD, député,

Président de la Chambre de Commerce de Lyon.

Mémoires et rapports discutés en séance.

Discours d'ouverture par M. Aynard, président. — Charité et œuvres sociales, par M. Georges Picot. — La vie universitaire et les progrès de l'enseignement économique et social aux États-Unis, par M. R. G. Lévy. — Les Touaregs Azdjers, leur état social, leur vie, leur commerce, par M. F. Foureau. — L'expansion de l'Allemagne dans les pays d'outre-mer, par M. G. Blondel. — Etude sociale de la tuberculose, par M. le Dʳ Léon Petit. — Les Monts-de-Piété et le trafic des reconnaissances, par M. M. Vanlaër. — Essai sur l'organisation charitable des paroisses de Paris aux xvııᵉ et xvıııᵉ siècles, par M. le vicomte P. de Pelleport. — L'émigration des Français à l'extérieur et à l'intérieur, par M. V. Turquan. — Un exemple d'économat rural, par M. R. Lavollée. — L'enquête de la Société des agriculteurs de France et de la Société d'économie sociale sur la condition des ouvriers agricoles, par M. Urbain Guérin. — La législation belge sur la répression de la mendicité et du vagabondage, par M. L. Pussemier. — Les syndicats ouvriers aux Etats-Unis, par M. Isidore Finance. — Les socialistes et les profits du capital, par M. Hubert-Valleroux. — Les mines et la petite épargne, par M. E. Delecroix. — La liberté commerciale au moyen âge, par M. Imbart de la Tour. — L'évolution féodale en France, par M. A. des Cilleuls. — Quelques transformations dans l'enseignement des sciences sociales, par M. Duthoit. — Les projets de réglementation du contrat de travail en Belgique, par M. Ch. Dejace. — Les meilleures pratiques de la paix dans l'industrie, par M. A. Gibon.

Visites sociales.

Le Cercle catholique des étudiants de Paris. — La Maison de famille pour les apprentis, rue de Crillon, 15 (Société des Amis de l'Enfance). — La maison de famille pour les apprentis, rue Titon, 4 (fondation protestante). — Patronage Notre-Dame de Grâce (Association libre pour l'éducation de la jeunesse). — L'établissement de Saint-Nicolas à Igny (écoles ; écoles professionnelles d'horticulture et d'agriculture) — Les hôpitaux de Villiers et d'Ormesson (Œuvre des enfants tuberculeux).

La Réforme sociale publie tous les travaux du Congrès.

LA RÉPRESSION DE LA MENDICITÉ ET DU VAGABONDAGE

D'APRÈS LA LOI BELGE DU 27 NOVEMBRE 1891

COMMUNICATION A LA RÉUNION ANNUELLE DANS SA SÉANCE DU 19 MAI 1894

Les mesures prises en Belgique pour la répression de la mendicité et du vagabondage ont fait, depuis 1848, l'objet de lois spéciales. A diverses reprises ces lois ont été modifiées (1). Mais leur application n'a jamais donné les résultats favorables qu'on espérait en obtenir. D'année en année, le chiffre des condamnations prononcées pour mendicité ou vagabondage devenait plus élevé. En 1860, il y en avait eu 3,431 ; en 1870, 4,836 ; en 1891, environ 16,000. Une réforme devenait donc urgente ; le ministre de la justice, M. Jules Lejeune, en prit l'initiative. Le Parlement adopta une loi — celle du 27 novembre 1891 mise en vigueur le 1er janvier 1892 — basée sur les principes proclamés par les plus récents congrès pénitentiaires. Et aujourd'hui il est intéressant de se demander quelles ont été les conséquences de cette modification législative.

*
* *

Le moyen le plus efficace d'empêcher le développement de cette plaie sociale de la mendicité et du vagabondage est de détruire, dans la mesure du possible, toutes les circonstances qui peuvent conduire l'enfant à mener une vie errante et oisive. De là dans la loi du 27 novembre 1891 toute une série de dispositions spéciales. L'espace me manque pour les exposer. Je me borne à mentionner les plus importantes. Des établissements distincts, les écoles de bienfaisance, sont créés, pour recevoir les enfants mis à la disposition du gouvernement (art. 2). Les individus âgés de moins de 18 ans accomplis, vagabonds ou mendiants habituels, sont, jusqu'au jour de leur majorité, placés par le juge de paix à la disposition du gouvernement pour être internés dans une école de bienfaisance (art. 24). « Lorsqu'un individu qui n'avait pas atteint l'âge de 16 ans accomplis au moment du fait, sera traduit devant le tri-

_____

(1) Loi du 3 avril 1848 ; loi du 6 mars 1866.

1

bunal de police, du chef d'une infraction que la loi punit d'un emprisonnement de moins de huit jours, d'une amende de moins de 26 francs, ou de ces deux peines cumulées, le juge de paix, même dans le cas où il y aurait récidive, ne condamnera ni à l'emprisonnement ni à l'amende, mais, selon la nature et la gravité du fait, le renverra des poursuites ou le mettra à la disposition du gouvernement jusqu'à sa majorité » (art. 25). Enfin toute personne quelconque convaincue d'avoir fait habituellement mendier un enfant âgé de moins de 16 ans est sévèrement punie (1).

*
* *

La loi du 27 novembre 1791 consacre plusieurs principes nouveaux.

Sous l'empire de la loi de 1866, tout mendiant ou vagabond pouvait, pour le fait seul d'avoir tendu la main ou d'avoir vécu sans domicile certain, sans profession habituelle, sans ressources avouables, être arrêté et condamné. Les magistrats n'avaient pas à rechercher si le genre d'existence de ces hommes était volontaire ou s'il était forcé. Par conséquent le vieillard, l'invalide, le sans-travail étaient assimilés au *professionnel*, condamnés comme lui et soumis au même régime que lui. Ce système était profondément injuste. La loi de 1891 s'inspire des théories admises au Congrès pénitentiaire tenu à Anvers en 1890 (2). Elle reconnaît que la mendicité ou le vagabondage de personnes qui, à raison de l'âge, de la maladie ou de l'état social, ne parviennent à exercer ou à obtenir un travail quelconque, n'est jamais coupable. Comment leur reprocher une situation que les circonstances seules ont amenée? On ne peut les punir pour avoir, en sollicitant l'aumône, exercé un droit naturel, celui de pourvoir à la conservation de leur existence. Mais il est de l'intérêt, sinon même du devoir de la société, de secourir ces malheureux.

(1) Art. 39, loi du 27 novembre 1891 : « Seront punis d'un emprisonnement de huit jours à trois mois : 1º celui qui aura habituellement fait mendier un enfant n'ayant pas 16 ans accomplis; 2º celui qui aura procuré un enfant de moins de 16 ans ou un infirme à un mendiant qui se sera servi de cet enfant ou de cet infirme dans le but d'exciter la commisération publique. En cas de récidive, la peine pourra être portée au double. »

(2) Exposé des motifs de la loi du 27 nov. 1891. *Doc. parlement. belges*, session 1890-1891, p. 46.

Tout autre est la mission du pouvoir à l'égard de ceux qui se révoltent contre la loi du travail, qui habituellement et volontairement sont oisifs. Ces hommes-là, par le genre d'existence qu'ils mènent, sont dangereux pour la société. Il est nécessaire de prendre à leur égard des mesures de précaution, de répression. Donc, l'ancienne division des mendiants et des vagabonds en valides et en invalides devait être remplacée par une division plus rationnelle et plus juste. Aussi aujourd'hui sont coupables : « les individus valides qui, au lieu de demander au travail leurs moyens de subsistance, exploitent la charité comme mendiants de profession, les individus qui, par fainéantise, ivrognerie ou dérèglement de mœurs, vivent en état de vagabondage » (art. 13). La mendicité et le vagabondage non accompagnés des circonstances qui précèdent ne sont pas coupables (art. 16).

Une seconde modification capitale est apportée par la loi de 1891 au système antérieur quand elle consacre la théorie que la mendicité et le vagabondage même coupables ne constituent jamais un délit. Il n'y a pas lieu d'appliquer aux contrevenants une peine proprement dite : il suffit de prendre contre eux des mesures de police : la mise à la disposition du gouvernement (1).

Telles sont les bases fondamentales de l'organisation nouvelle belge.

Remarquons ici, pour éviter les redites, d'abord, que les souteneurs de filles publiques sont assimilés aux mendiants et aux vagabonds coupables (art. 10) et ensuite que les étrangers trouvés mendiant ou vivant en état de vagabondage peuvent, aussitôt surpris, être, sans aucune formalité, reconduits à la frontière. Mais cette disposition de la loi n'est pas impérative ; les étrangers peuvent être maintenus chez nous et soumis au même régime que les Belges (art. 10).

Le pouvoir judiciaire statue sur les mesures qu'il y a lieu de prendre à l'égard de ceux qui transgressent les dispositions légales sur la mendicité et le vagabondage. On a maintenu la compétence exclusive des tribunaux de simple police parce que le juge de paix est, plus que d'autres magistrats, rapproché des hommes et des choses, qu'il sait donc mieux distinguer les bons des mauvais et opérer le triage fondamental exigé par la loi.

(1) Rapport de la section centrale. *Doc. parlement. belges.* session 1890-1891, p. 160.

Tout vagabond doit être arrêté et traduit devant le juge (art. 8).
Pareille sévérité n'existe pas à l'égard du mendiant. Son arrestation et sa comparution sont facultatives (art. 9). Elles sont laissées
à l'appréciation des agents de la sécurité publique. Mais le caractère habituel de la mendicité n'est point la condition *sine qua non*
de la légitimité de l'arrestation (1).

Le juge doit statuer rapidement sur le sort des indigents traduits
à sa barre et examiner minutieusement leur dossier. Le jugement
doit être prononcé le lendemain du jour de l'arrestation (2), et ce
délai ne peut être porté à trois jours que si le prévenu y con-
sent. La loi exige que le magistrat vérifie l'identité, l'âge et le
enre de vie des mendiants et des vagabonds. Elle lui impose
même, à lui qui n'est ni médecin ni aliéniste, d'examiner leur état
hysique et leur état mental (art. 12).

Si le juge ne croit pouvoir dans les 24 heures réunir les éléments
d'information suffisants pour être à même de se prononcer en connaissance de cause, et si le prévenu refuse de consentir à la remise
de son affaire, le magistrat ou même le ministère public prononcent
la mise en liberté provisoire (art. 11).

Ici se pose la question de savoir comment le juge de paix par-
vient à vérifier s'il est en présence d'un malheureux ou d'un professionnel. Je ne saurais mieux y répondre qu'en indiquant quelles
sont les pièces qui se rencontrent dans chaque dossier, quelles
sont les circonstances dans lesquelles se présente l'affaire. D'abord
il y a le procès-verbal relatant les circonstances de l'arrestation.
Ensuite l'interrogatoire du mendiant ou du vagabond par le com-
missaire de police est écrit. Les excuses et les justifications données par l'indigent sont vérifiées dans la mesure du possible. Tous
les juges possèdent la liste des individus placés dans ces dernières années à la disposition du gouvernement. Il y a aussi l'extrait du casier spécial de la mendicité et du vagabondage qui a
été demandé télégraphiquement à Bruxelles.

Ce casier spécial n'existe que depuis 1893 (3). Les éléments de
sa formation sont cherchés dans le casier judiciaire ordinaire, dans

---

(1) Ainsi, dans les travaux préparatoires, on a reconnu qu'un individu qui une
seule fois a mendié ne pourrait être puni, mais qu'il pourrait être arrêté afin
d'obtenir son internement dans l'asile ouvert par le gouvernement aux malheureux.

(2) Art. 7 de la Constitution belge.

(3) D'après un arrêté royal de janvier 1893.

les registres d'entrée et de sortie des dépôts de mendicité et des maisons de refuge, dans les rapports des directeurs des établissements ouverts aux indigents, dans les avis motivés des officiers du ministère public sur les demandes de libération anticipée, dans les renseignements fournis par les comités de patronage. L'extrait du casier judiciaire délivré aux juges de paix comprend l'indication de l'état civil du prévenu, de sa profession, de ses internements antérieurs aux colonies : nombre, nature (dépôt ou refuge), date, motif de la sortie, montant de la masse de sortie, de ses antécédents judiciaires.

Joignez-y que le genre de vie des mendiants ou des vagabonds suppose des habitudes qui les font notoirement connaître par les agents de la sécurité publique et qu'au jour de l'audience l'interrogatoire du prévenu fournit de sérieux éléments d'appréciation.

La décision du juge plaçant un individu à la disposition du gouvernement n'est pas susceptible d'appel. C'est un point de la loi qui est critiqué. Exception est faite pour les souteneurs de filles publiques (art. 8). Ils ont le droit de former, dans les délais prévus par le code d'instruction criminelle, opposition ou appel contre le jugement qui les frappe. Il existe pourtant, en faveur des mendiants et des vagabonds, un appel administratif (1). Ceux qui sont placés à la disposition du gouvernement reçoivent avis, le jour de leur entrée à l'établissement qui leur est destiné, qu'ils ont un mois pour protester contre la mesure dont ils sont l'objet. S'ils font usage du droit qui leur est accordé, ils adressent leur requête, avec pièces à l'appui, au ministre de la justice. De même si l'administration des « maisons spéciales » s'aperçoit que le juge a, faute de connaissances ou de renseignements, traité comme excusable un individu qui ne méritait aucune pitié, ou *vice versa*, d'office la situation est signalée au ministre de la justice. Un bureau spécial est institué au ministère de la justice pour faire l'examen de ces requêtes. Si elles sont fondées, le ministre, usant du pouvoir qui lui est conféré par la loi de prononcer la libération anticipée, renvoie l'individu dans la vie libre. L'homme faussement poursuivi reprendra sa place dans la société; le professionnel, arrêté quelques jours après son renvoi, sera envoyé à la maison de correction, et le malheureux pourra se faire interner dans la maison d'assistance.

(1) Basé sur un arrêté royal.

Le procès de toute femme condamnée une première fois pour mendicité ou vagabondage est revisé de plein droit. On évite ainsi toute erreur ; mais la mesure a surtout pour but de rechercher si l'internement est bien nécessaire, si le placement n'est pas chose possible. Nous examinerons la manière de procéder dans ces circonstances quand je parlerai des libérations anticipées.

La loi de 1891, distinguant entre le *malheureux* et le *professionnel*, a créé pour les uns comme pour les autres des établissements spéciaux : les maisons de refuge et les dépôts de mendicité. Avant 1891 il n'existait que « des colonies agricoles de bienfaisance ». On y internait tous les indigents. On confondait l'assistance et la répression.

Le refuge, c'est l'asile. Il est ouvert aux vieillards, aux infirmes, aux sans-travail. Le dépôt, c'est la maison de correction (1). Il reçoit les individus valides, qui, « au lieu de demander au travail leurs moyens de subsistance, exploitent la charité comme mendiants de profession, les individus qui, par fainéantise, ivrognerie ou dérèglement de mœurs, vivent en état de vagabondage et les souteneurs de filles publiques ».

Le gouvernement a fondé et dirige le refuge et le dépôt. On a installé les refuges pour hommes à Hoogstraeten et à Wortel. Le premier établissement sert aux invalides, le second aux valides. La maison de Merxplas sert de dépôt. Toutes les femmes sont réunies à Bruges.

Le juge de paix décidant qu'un individu est mis à la disposition du gouvernement détermine la catégorie d'établissements dans laquelle cet homme sera reçu. Mais il ne fixe la durée de l'internement que lorsqu'il s'agit des *professionnels*, des pensionnaires du dépôt de mendicité. « Les hommes internés dans les maisons de refuge seront mis en liberté quand leur masse de sortie aura atteint le chiffre qui sera fixé par le ministre de la justice pour les diverses catégories dans lesquelles ces reclus seront rangés et d'après le métier qu'ils exerceront » (art. 17). Mais ces individus ne pourront en aucun cas y être retenus contre leur gré au delà d'un an (art. 18).

Dans les maisons de refuge, il n'y a pas que des indigents internés en vertu d'une décision des juges de paix. Les administrations

(1) C'est la rupture complète avec le système de la loi de 1866 dont toutes les dispositions tendaient à la suppression absolue du dépôt de mendicité.

communales jouissent du pouvoir d'autoriser les indigents à s'y faire admettre (art. 3). On doit secourir les malheureux. Généralement les communes font peu usage du pouvoir qui leur a été confié. Les indigents ne possèdent pas le droit d'interjeter appel de la décision du collège des bourgmestre et échevins leur refusant l'autorisation de se faire interner.

Malgré les objections qui ont été faites, on a admis le principe que la réclusion des mendiants et des vagabonds coupables devait pouvoir être de durée assez longue. Les juges de paix mettent les *professionnels* à la disposition du gouvernement pendant un laps de temps minimum de deux ans, maximum de sept ans (art. 13). L'internement n'est plus, comme sous l'empire de la loi de 1866, précédé d'une période d'emprisonnement : il n'y a plus de délit.

« Les tribunaux correctionnels peuvent mettre à la disposition du gouvernement, pour être enfermés dans un dépôt de mendicité, pendant un an au moins et sept ans au plus, après leur peine subie, les mendiants et les vagabonds qu'ils condamneront à un emprisonnement de moins d'un an du chef d'une infraction prévue par la législation pénale (art. 14).

Le législateur de 1891 ne pouvait ni ne devait assumer la tâche d'assurer l'hospitalisation et l'assistance dans les établissements fondés par l'État de tous les vieillards, les invalides, les sans-travail surpris tendant la main ou convaincus de vivre sans ressources et sans abri. Si les vieillards et les invalides ne parvenaient pas à trouver une place vacante dans les hôpitaux et dans les hospices, si les sans-travail ne parvenaient à obtenir une situation rémunératrice, l'internement dans la maison de refuge se justifiait. Il se légitimait aussi dans les cas où cet internement devait permettre à celui qui en faisait l'objet de reprendre possession de lui-même. Car, parmi les hommes valides que la police ramasse dans nos rues, rares sont ceux qui ont lutté jusqu'au dernier jour, qui connaissent une profession et qui, obtenant un emploi, sont décidés à le remplir. La grande majorité se compose d'individus lymphatiques, répugnant à une besogne régulière, devenus pour une cause ou l'autre adonnés aux boissons alcooliques ; de jeunes gens abandonnés par leurs familles durant toute leur enfance et qui jamais n'ont fréquenté l'atelier. Il faut régénérer ces hommes-là, leur donner une éducation professionnelle, les interner pour leur apprendre un métier, les astreindre à un labeur constant, les habituer à se priver de boissons enivrantes. Donc, les faits de mendicité et de vagabondage étant même établis, la mise à la disposition du gouvernement ne se justifiait pas toujours.

En pratique, voici comment, à Anvers, on applique les théories nouvelles. Cet exemple montre combien le tact, l'intelligence et le dévouement du juge de paix est la condition indispensable de la bonne application de la loi de 1891. M. Gallet, juge de paix du premier canton d'Anvers, à qui revient tout l'honneur du système que je vais exposer, avait, alors que la loi de 1866 était toujours en vigueur, bien souvent été frappé par cette circonstance que les indigents appelés à comparaître devant lui auraient pu reprendre dans la vie une situation honnête et normale, s'ils avaient eu les moyens de rentrer à leurs villages, s'ils avaient reçu une somme minime leur permettant de subvenir pendant deux ou trois jours à leurs besoins les plus essentiels et d'attendre le travail qui leur avait été promis.

Il voulut essayer les effets bienfaisants du rapatriement, du secours temporaire. Des personnes charitables lui donnèrent les fonds indispensables. La *caisse des magistrats* était fondée. Les résultats obtenus furent heureux.

Aujourd'hui le maintien de l'œuvre est décidé à Anvers. Voici son fonctionnement : Les ressources dont dispose la *caisse des magistrats* sont partiellement fournies par des personnes charitables. Mais il y a des ressources fixes. Annuellement le comité anversois de patronage des libérés met à la disposition de chaque juge de paix du canton d'Anvers une somme d'environ 100 francs.

Le juge s'efforce, en s'adressant aux prévenus d'une façon bienveillante, d'obtenir leurs confidences. Habitués au langage grossier de leurs compagnons, à la façon d'agir parfois trop sévère des agents de la force publique, une parole bienveillante les touche, les émeut, leur donne confiance en celui qui compatit à leur situation. La vérification des excuses données se fait rapidement. Et alors, s'il s'agit d'un malheureux qu'une brouille intervenue entre sa famille et lui a jeté dans la misère, le juge s'efforce d'amener une réconciliation. Le retour du mari au foyer conjugal, des enfants dans la maison paternelle, est souvent aussi le signal du retour à la vie normale, laborieuse et honnête. Est-on en présence d'un ouvrier agricole qui a été entraîné comme tant de ses semblables vers les grands centres urbains, qui en peu de semaines a perdu ses illusions et son argent, mais qui désire reprendre son existence antérieure, on lui paie les frais de son rapatriement. Si enfin c'est un ouvrier des villes qui comparaît et que la crise sociale, l'absence de protection ont jeté sur le pavé, on lui offre, jusqu'au moment où il a trouvé une situation, le séjour à l'hospitalité de nuit ou à l'hospice Saint-Julien.

Dans tous ces cas, il est indispensable d'avoir recours à certaines mesures de précaution destinées à empêcher que les faux indigents ne viennent abuser des institutions créées en faveur des malheureux. Ainsi le sans-travail devra journellement indiquer quels efforts il a faits lui-même pour se trouver une situation. Quant à l'homme des campagnes, voici la manière de procéder. On écrit aux parents, à la famille, à la municipalité pour annoncer le retour. Les sommes destinées à couvrir les frais de voyage sont toujours confiées au gardien qui mène le bénéficiaire à la gare. Le billet de chemin de fer n'est remis à ce dernier qu'à l'instant précis du départ du train. Enfin le bourgmestre de la commune est prié par le juge d'annoncer si le rapatrié est heureusement arrivé à destination.

Chaque juge de paix de l'arrondissement d'Anvers renvoie annuellement à la campagne environ de 15 à 18 vagabonds. Généralement les efforts de reclassement sont couronnés de succès. Ainsi M. Gallet m'a affirmé que sur 15 individus renvoyés par lui dans leurs foyers l'année dernière il n'y en a guère eu que deux qui se soient fait reprendre dans la suite.

Des caisses semblables à celles d'Anvers sont instituées dans presque toutes les grandes villes: Bruxelles, Arlon, Mons. Leur installation est calquée sur celle d'Anvers. Leur institution est trop récente pour pouvoir en apprécier les résultats.

*
* *

Le gouvernement organise avec une entière liberté le régime intérieur du dépôt de mendicité et des maisons de refuge. Le législateur a imposé le respect des principes suivants : les reclus de l'un et de l'autre établissement pourront être soumis au régime de la séparation ; le travail est obligatoire pour tout reclus valide ; le travail est salarié (art. 7 et 6).

Les reclus ne sont pas tous indistinctement soumis au régime cellulaire. Une pareille mesure a été considérée comme trop sévère, peu utile et fort coûteuse. Néanmoins le gouvernement a promis de faire une large application du système de l'internement individuel et voici quelles sont, à cet égard, les mesures en vigueur aujourd'hui. Les femmes internées pour la première fois en vertu des dispositions de la loi du 27 novembre 1891 sont, dès le jour de leur entrée, soit au dépôt, soit au refuge, placées en cellule. De plein droit, leur procès est revisé par l'administration centrale à Bruxelles. L'isolement dure jusqu'au moment où intervient la décision ministérielle ordonnant le maintien dans l'établissement ou la mise en liberté. On évite ainsi la dépression du caractère que produit toute privation de la liberté ; et on empêche surtout la communication des récidivistes endurcies avec les nouvelles venues, et la démoralisation de ces dernières. — Pareille mesure n'a encore pu être prise en faveur des hommes. La cause en est dans l'insuffisance des ressources dont on dispose. La nécessité en est néanmoins urgente.

Dans tous les établissements destinés aux indigents, sont soumis au régime cellulaire les hommes dont la fréquentation est moralement dangereuse. L'ensemble de tous les autres reclus ne vit pas dans une confusion absolue. Tous les internés sont divisés en diverses catégories. Au dépôt il y en a six. Toute communication entre les personnes d'une catégorie et celle d'une autre est interdite et fort difficile. Les catégories qui existent au refuge sont plutôt nominales et basées sur le régime alimentaire. Les dangers de corruption physique et morale sont atténués dans une certaine mesure par cette division, mais subsistent toujours, car le contingent de chaque classe est fort élevé.

L'organisation actuelle du travail aux colonies et le mode de fixation des salaires sont fort intéressants à étudier. Ces deux matières ont été réglées par l'arrêté royal du 20 janvier 1894. Cet arrêté a pour but de supprimer certains abus; mais je crains, et mes appréhensions sont partagées par des hommes fort compétents, que l'application rigoureuse offre de grandes difficultés. Le rapport adressé au Roi exprime fort bien la tendance générale du système : « Le gouvernement accorde aux travailleurs libres toutes les garanties auxquelles ils ont droit contre l'avilissement du prix de main-d'œuvre. Et pour organiser, selon l'esprit de la loi du 27 novembre 1891, le travail dans les maisons de refuge et dans les dépôts de mendicité, il considère qu'il ne suffit pas d'en faire l'auxiliaire de la contrainte disciplinaire et encore moins d'en faire une source de profit pour l'État, mais qu'il faut au contraire considérer avant tout les fins morales auxquelles toutes les mesures prises pour l'exécution de cette loi doivent tendre. Faire rentrer un à un dans les rangs des travailleurs réguliers ceux que le vice, la fainéantise, une infortune imméritée ont conduits au dépôt de mendicité ou aux maisons de refuge, telle est l'œuvre de préservation sociale pour laquelle l'organisation du travail dans ces établissements doit venir en aide aux efforts combinés de l'administration et du patronage. »

Un premier principe admis, c'est que tout reclus doit, dans la mesure du possible, être employé au travail pendant la journée *entière*. De là: obligation d'assurer, en hiver, l'éclairage des ateliers industriels; obligation pour la direction des établissements de soumettre aux travaux dits de simple occupation (1) les reclus employés aux travaux qui ne s'exécutent qu'en plein air, lorsque la tache ordinaire sera interrompue et pendant le service d'hiver. On évite ainsi tous les inconvénients résultant de la situation antérieure, dans laquelle nombre de reclus passaient de longues heures dans l'oisiveté, rentraient au dortoir dès que tombait la nuit et y demeuraient jusqu'au lendemain matin.

Tout interné qui connaîtra suffisamment un métier se rapportant à un genre d'industrie organisé dans l'établissement sera employé aux travaux de ce métier.

L'administration développera le plus possible les ateliers industriels installés aux colonies. Deux raisons sérieuses empêchaient le pouvoir de déclarer le travail agricole prédominant aux colonies. La première, c'était que la grande majorité des colons sont originaires des centres urbains. Au jour de la libération ils retourneront dans les villes, grâce aux habitudes antérieurement acquises, aux relations de famille : comment y exercer leur activité? La seconde raison est indiquée dans le rapport au Roi : «Le contingent de réelle provenance rurale n'atteint pas une moyenne de 5 % dans la population du dépôt de mendicité de Merxplas. Faire de la culture avec les mendiants professionnels et les déclassés des villes, les récidivistes de la petite et de la grande criminalité, .es souteneurs, c'est, sous la fausse apparence du travail, entretenir

(1) L'explication de ces termes sera donnée plus bas.

dans une oisiveté dégradante des brigades de fainéants. » Les travaux agricoles seront donc, à l'avenir, réservés aux individus originaires de la campagne, et ayant des connaissances acquises en matière de labour.

Il ne faut guère se faire d'illusions. « Pour la grande majorité de ceux qui passent par le dépôt de mendicité le vagabondage est la phase finale qui a succédé dans leur existence à celle de l'enfance moralement abandonnée. Ils sont sans métier, et le temps de l'éducation professionnelle est passé pour eux. Paresseux, alcoolisés, le corps et la volonté également usés, force est de les reléguer dans des travaux dont l'apprentissage est nul, ou s'improvise en quelques semaines et que le langage administratif désigne sous cette dénomination : *travaux de simple occupation*. De là cet autre principe formulé dans l'arrêté royal du 20 janvier 1894 : « Les internés incapables de fournir une main-d'œuvre susceptible d'être utilisée dans un des ateliers industriels de l'établissement, sur un chantier de construction, aux travaux d'entretien des bâtiments ou aux services agricoles, seront seuls employés aux services domestiques, aux travaux de culture, de boisements et de terrassements, aux travaux dits de simple occupation, tels que confection de fagots, filage de poils de vache, confection de nattes en fibres de coco ou en paille, fabrication de tapis, confection de chaussons en lisière ou de tricots à la main, etc. »

Un dernier principe admis, c'est que tous les travaux organisés aux colonies de bienfaisance s'exécuteront en régie.

L'organisation ancienne du travail aux colonies avait donné lieu à des critiques certes exagérées, sérieuses néanmoins. Le gouvernement avait accordé à un certain nombre d'industriels le droit de faire confectionner leurs produits par les colons. Il serait trop long de faire connaître les conditions auxquelles ces concessions étaient faites. Mais les ouvriers libres soutenaient, et avec raison, que le prix de revient des fabricats des colons était, grâce au salaire octroyé, tellement minime, que leurs patrons à eux ne pourraient soutenir la concurrence qu'en abaissant la rémunération de la main-d'œuvre à un taux dérisoire. On essaya de mettre en adjudication le travail des reclus, on ne réussit pas. On supprima donc le travail pour compte des particuliers. Les indigents capables « d'exercer un travail industriel seront employés à la confection d'objets destinés au service des établissements dépendant du département de la justice et pour l'entretien, l'amélioration et l'extension des installations du matériel et de l'outillage à l'usage de ces établissements. Néanmoins les entreprises actuellement en cours aux colonies de bienfaisance, lesquelles ont pour objet la fabrication des malles, des nattes en fibres de coco, chapeaux, articles de fantaisie et d'emballage en copeaux de bois, objets d'ameublement, tapis, articles de vannerie, se poursuivront jusqu'à expiration des délais convenus conformément aux contrats conclus. »

Le travail est assuré pour une assez longue période d'années. Il y a des installations nombreuses à faire, des modifications à apporter aux établissements pénitentiaires existants, une masse énorme de vêtements à confectionner.

Mais vienne le jour où les travaux à effectuer dans les prisons, les asiles, etc., seront achevés. Que deviendront les ateliers industriels des colonies? Ceux du dépôt sont fermés; le gouvernement, réservant toutes ses faveurs aux malheureux du refuge, a décidé que, dans ce cas extrême, ils seront employés seuls aux travaux industriels pour la confection d'objets à livrer au commerce.

Je crois qu'il faudra longtemps avant que l'application des principes que je viens d'indiquer soit complète, car il y a lieu de créer toute une installation industrielle au refuge. Jusqu'ici tous les ateliers étaient fixés à Merxplas même. Il me semble aussi que l'administration devra régler avec beaucoup de prudence l'organisation de l'apprentissage des reclus, car ces hommes, au jour de leur libération, viendront grossir les rangs des ouvriers sans emploi ; et, par l'excès d'offres de travail, une baisse de salaire pourrait être à craindre.

Tout travail exécuté par un reclus est salarié. Le gain journalier ne lui est pas intégralement remis; il en perçoit le quart pour solder les frais de cantine, le reste sert à former la masse de sortie. Parfois même le *denier de cantine* est supprimé quand la valeur du travail ne suffit pas pour couvrir les frais d'entretien. Dans ce cas, le salaire « est réduit au chiffre jugé nécessaire pour la formation de la masse de sortie dont le montant est calculé de façon à rendre le séjour dans l'établissement le moins onéreux possible ».

Il appartient au ministre de la justice de fixer le tarif des salaires alloués dans les maisons de refuge et dans les dépôts de mendicité. Ce tarif est arrêté sur les propositions des directeurs des établissements. Voici les règles mises en vigueur par l'arrêté du 20 janvier 1894.

Nous examinerons d'abord ce qui concerne la maison de refuge. Pour chaque catégorie de travaux à exécuter — travaux industriels, travaux de culture, de boisement ou de terrassements, services agricoles ou économiques — il y a un tarif spécial. Dans la fixation de chacun de ces tarifs on prend comme base fondamentale le « prix de la journée payée en moyenne pour les mêmes travaux dans l'industrie libre aux travailleurs adultes sans aucune charge relative au matériel, à l'outillage, aux matières premières, aux menues fournitures ou aux locaux industriels ». Donc, le salaire de l'ouvrier sérieux, travaillant toujours, vite et bien. De ce salaire on déduit certaines sommes : « d'abord le tantième par journée de travail des frais spéciaux afférents au genre d'industrie (intérêt et amortissement du matériel, de l'outillage, intérêt de l'approvisionnement des matières premières). » Ensuite on déduit encore le tantième par journée de séjour des frais généraux de l'établissement. Le solde forme, dans chacune des catégories de travaux, le prix moyen de la journée de travail. En pratique, ce solde s'élève en moyenne à 0 fr. 50 par jour. « Lorsque la valeur productive de la main-d'œuvre fournie par l'intéressé sera notablement supérieure ou inférieure au prix moyen de la journée de travail, le directeur de la maison de refuge majorera en conséquence ou réduira le chiffre du tarif, sans que la majoration ou le rabais puisse toutefois dépasser un cinquième en plus ou deux cinquièmes en moins. »

Ces principes sont appliqués depuis peu. Il est impossible de savoir quelles conséquences financières et morales ils donneront. Je crains, si l'on n'est très sévère, que ce gain fort élevé ne constitue un appel à l'oisiveté. Les hommes sans énergie ne craindront pas le séjour du refuge.

Au dépôt de mendicité, un tarif fixe également le salaire des reclus. Le directeur règle, dans les limites de ce tarif, le salaire dû à chaque interné. « Il doit avoir égard à la bonne conduite de l'homme dans l'établissement, à son assiduité au travail, aux aptitudes spéciales qu'il est appelé à déployer. En pratique, le salaire varie de 11 à 21 centimes par jour.

Il est impossible d'exposer ici tous les détails de l'organisation intérieure des maisons de refuge et des dépôts. Mais le caractère spécial du personnel qu'abrite l'un et l'autre établissement détermine des différences profondes dans le régime appliqué. Le but général à poursuivre est de faire un asile du refuge, une maison de correction du dépôt.

Le service religieux est assuré dans tous les établissements. On y rencontre aussi des instituteurs.

***

Le législateur a voulu éviter toute confusion entre les pensionnaires de la maison de refuge et ceux du dépôt de mendicité. Dans ce but, l'administration est obligée de remettre aux libérés du refuge un certificat constatant leur séjour dans la maison avec, s'il y a lieu, attestation de bonne conduite (art. 20).

Les reclus du refuge sont libérés le jour où leur masse de sortie a atteint le chiffre qui est fixé par le ministre de la justice, pour les diverses catégories dans lesquelles ces reclus sont rangés et d'après le métier qu'ils exercent (art. 17). Généralement on exige que la masse de sortie soit de 15 à 20 francs. Mais on garde par humanité les hommes qui réglementairement devraient sortir, et qui, pour une raison ou pour une autre, ne parviendraient pas à se placer. — Au dépôt, les internés sont libérés le jour où expire le terme pour lequel ils ont été mis à la disposition du gouvernement.

Une des dispositions fort importantes et fort utiles inscrites dans la loi de 1891 est celle qui permet au ministre de la justice de faire mettre en liberté tout individu enfermé, soit au refuge, soit au dépôt, et dont il juge que l'internement n'est plus nécessaire (art. 16 et 18, § 2). Ce pouvoir accordé au ministre est la conséquence logique des principes admis. La réclusion des indigents ne se justifie plus quand ils ont obtenu l'emploi qu'ils cherchaient, quand ils ont renoncé à leur existence oisive et vagabonde. En principe, ce droit de provoquer la libération anticipée appartient à l'administration. Mais les demandes formées soit par les reclus eux-mêmes, soit par les personnes charitables intéressées à leur sort, sont admises également. En parlant du patronage des mendiants et des vagabonds, j'indiquerai la marche suivie en cette matière.

Sous l'empire de la loi de 1866, le patronage des mendiants et

des vagabonds libérés n'existait pas. Inutile d'insister sur les conséquences fâcheuses résultant de cette lacune. En 1893, une société
du patronage a été fondée à Bruxelles. Elle fonctionne réguliè-
rement depuis environ un an.

Un groupe spécial composé de douze personnes — magistrats ou
particuliers — est spécialement chargé de visiter les colons à
Hoogstraeten, Wortel et Merxplas. En outre, dans les centres
les plus importants des sous-comités de correspondants ont été
institués. Ce rôle est parfois rempli par une section spéciale de la
Société de patronage des condamnés libérés. Le concours des juges
de paix est assuré à la société. Le patronage des femmes est organisé à Bruges par les soins d'une société spéciale.

La Société de patronage exerce ses fonctions, soit à l'audience
même du juge, soit aux colonies. A l'audience, le but des efforts
faits est d'empêcher que l'internement, soit au dépôt, soit au refuge,
ne soit prononcé. Si la mise à la disposition du gouvernement a été
ordonnée, le but de l'œuvre est d'empêcher que l'internement ne
se prolonge, et d'assurer au jour de la libération le reclassement
dans la vie régulière.

Voici brièvement le mode de fonctionnement. A tout interné on
annonce, le jour de son arrivée, l'existence de la Société de patronage. Les « visiteurs » interrogent tout colon du refuge. Ceux du
dépôt qui ont subi plus de dix internements ne peuvent, sauf autorisation du président, jouir du bénéfice du patronage. Le visiteur
appelé pour un colon reçoit de la direction, soit du refuge, soit du
dépôt, un bulletin contenant l'avis de la direction sur l'utilité de la
mesure dont l'homme réclame le bénéfice, contenant aussi l'état
civil du demandeur, l'extrait de son casier judiciaire et de son
casier spécial. Dans l'interrogatoire du colon par le visiteur, celui-ci
tâche de deviner son état moral, s'efforce de trouver un moyen de
placement dans l'industrie, dans la famille ou dans un asile. Se
basant sur les détails connus, il formule son avis sur la mesure
proposée.

Ces renseignements sont transmis au ministère de la justice. On
décide s'il y a lieu de donner suite à la demande. Dans le cas d'af-
firmative, le dossier passe aux correspondants, qui vérifient la réa-
lité des allégations faites et qui font les démarches nécessaires
pour obtenir l'octroi d'une situation. Le tout est renvoyé au
ministère de la justice qui accorde ou refuse la libération

demandée. Rares sont les cas où cette procédure est trop longue.

Il est d'une importance capitale de déterminer sagement la manière dont la masse de sortie sera remise au jour de la libération. La question est d'autant plus importante aujourd'hui que, grâce soit au salaire élevé, soit à la longueur de l'internement, le montant en est élevé (en moyenne 30 francs) et que les hommes privés pendant longtemps de toutes les douceurs de la liberté sont souvent plus riches qu'ils ne l'ont jamais été. Aussi la loi de 1891 statue (art. 6) que les masses de sortie seront délivrées aux intéressés, partie en espèces, partie en vêtements et outils. Néanmoins nombre de reclus possèdent encore des sommes importantes au jour de leur libération, trouvent des exploiteurs qui les attendent à la sortie de la gare où ils descendent du train, entrent au cabaret avec eux et sont arrêtés de nouveau après quelques jours.

* * *

Le principe que l'assistance est due aux *malheureux*, que la sévérité n'est légitime qu'à l'égard des mendiants et des vagabonds professionnels, devait amener le législateur de 1891 à résoudre d'une manière toute différente de celui de 1866 la question de savoir qui était responsable des frais d'entretien des indigents aux colonies agricoles.

Confondant l'assistance et la répression, la loi de 1866 déclarait toujours responsable la commune domicile de secours. Plus juste et plus logique, la loi de 1891 fait des distinctions nombreuses. Voici les principes.

L'État, la province et la commune du domicile de secours supportent chacun à concurrence d'un tiers les frais d'entretien des individus internés en vertu d'une décision judiciaire dans un dépôt de mendicité : maison de correction. S'il s'agit des pensionnaires des maisons de refuge, il y a lieu de distinguer si l'internement a été sollicité par une commune ou décidé judiciairement. Dans le premier cas, la commune requérante est astreinte au payement de tous les frais d'entretien. Dans le second cas, une nouvelle distinction est nécessaire. L'indigent est-il valide, l'État, la province et la commune paieront respectivement le tiers des dépenses qu'occasionnera son séjour (art. 21) ; est-il invalide la commune seule sera déclarée responsable. Cette intervention du gouvernement constitue une concession faite aux intérêts des communes, car toutes les dépenses de l'assistance publique sont essentiellement communales chez nous.

Si des individus ne possèdent pas de domicile de secours, les frais qui incombent à cette commune sont supportés par la province sur le territoire de laquelle ces individus ont été arrêtés ou traduits en justice (art. 21, § 2).

« La part incombant à la commune dans les frais d'entretien des individus internés dans les dépôts de mendicité est à la charge du budget communal.

« La part incombant à la commune dans les frais d'entretien des individus internés dans les maisons de refuge sera supportée par les hospices et les bureaux de bienfaisance sans préjudice des subsides de la commune en cas d'insuffisance des ressources de ces administrations (art. 22 »).

« L'État, la province et la commune peuvent poursuivre le remboursement des dépenses faites pour l'entretien des indigents soit à charge des personnes secourues, soit à charge de ceux qui leur doivent des aliments. » Ce remboursement « peut également être poursuivi à charge de ceux qui sont responsables de la blessure ou de la maladie qui a nécessité l'assistance. L'action est prescrite conformément aux dispositions de l'article 2277 du code civil (art. 38). »

Le Roi tranche les contestations qui pourraient surgir, en matière financière, dans l'application de ces dispositions (art. 36).

Le prix de la journée d'entretien est actuellement fixé par le Roi. Voici quelques chiffres pour 1893 (1). Le prix de la journée d'entretien est fixé : à 1 fr. 50 pour les individus invalides internés dans les maisons de refuge et dans les dépôts de mendicité et dont l'état de santé exige des soins spéciaux ; à 0 fr. 78 par jour pour les valides du refuge et les invalides dont l'état de santé ne réclame point ces soins spéciaux ; à 0 fr. 66 par jour pour les invalides et les valides du dépôt qui se trouvent dans le même cas.

*
* *

Il me semble difficile de se prononcer déjà sérieusement sur la

(1) Arrêté royal du 6 mars 1893.

valeur de la loi du 27 novembre 1891 : d'abord parce que l'application qui en est faite est trop récente pour que les résultats obtenus puissent être considérés comme définitifs et ensuite parce que le département de la justice n'a pu jusqu'ici organiser toutes les institutions et créer toutes les installations devenues nécessaires par l'adoption des théories nouvelles. Nous possédons néanmoins des données fort intéressantes.

La première question qui se pose est celle de savoir si les juges de paix disposent réellement de moyens d'information suffisants pour décider en connaissance de cause si un indigent arrêté pour mendicité ou pour vagabondage doit être enfermé dans un dépôt de mendicité ou interné dans une maison de refuge. On fait remarquer — et j'ai maintes fois constaté le bien fondé de ces observations — quand on critique l'obligation imposée au magistrat de se prononcer dans les vingt-quatre heures, que souvent les indigents comparaissant devant le tribunal de police ne sont porteurs d'aucun papier constatant leur identité ; que généralement les arrestations pour contravention à la loi sur la mendicité et le vagabondage ont lieu le soir ; que les constitutions volontaires ont lieu vers la même partie de la journée. Quand on ne possède plus un sou en poche, qu'on n'a pas la ressource de dormir sous les arches d'un pont ou sur les bancs des boulevards, qu'on se trouve l'estomac vide, les membres brisés, on ne se rend au bureau de police qu'à la nuit tombée. Rares sont les mendiants et les vagabonds qui se font arrêter dans les cantons où ils sont connus. L'audience du juge de paix a toujours lieu le matin. Il faut remarquer aussi qu'il est peu fait usage de la libération provisoire, de la remise des affaires au lendemain de l'arrestation. On doit enfin tenir compte du fait qu'en Belgique les œuvres destinées à recevoir les invalides, les vieillards, les vaincus de la lutte pour l'existence, ne sont pas encore nombreuses, et conséquemment que tous les hommes qui sollicitent l'aumône ne sont point des rebelles contre la loi du travail.

Comment, dans ces conditions, vérifier si le nom donné par le prévenu est bien celui qu'il a le droit de porter, si l'âge allégué est exact ? comment savoir si l'on est en présence d'un invalide, d'un affaibli, d'un malheureux ? comment enfin, alors surtout qu'il s'agit de juger dans les cantons éloignés de Bruxelles, demander à l'administration centrale et obtenir en quelques heures, avant

l'ouverture de l'audience, la communication de l'extrait du casier
spécial de la mendicité et du vagabondage?

Il importe d'ailleurs de remarquer que les juges de paix se
sont, dans le premier congrès annuel qu'ils ont tenu en 1892, sérieusement préoccupés de la question ; qu'ils ont proposé, mais
un peu en vain, les remèdes les plus divers.

Dans un autre ordre de considérations, on fait observer que
généralement tous les mendiants, tous les vagabonds internés
pour la première fois, et bon nombre des récidivistes ont recours à
l'appel administratif, réclament leur libération. L'enquête faite
par les soins de l'administration centrale est, dit-on, fort minu-
tieuse. Rares sont les décisions des juges qui doivent être modifiées. La rapidité de la décision n'offrirait aucun inconvénient.
Mais, quoi qu'il en soit, beaucoup de juges de paix souhaitent néanmoins l'adoption de mesures prolongeant l'intervalle entre l'arrestation et le jugement.

Les mesures sévères adoptées par le législateur ont produit sur
les mendiants et sur les vagabonds un effet intimidant sérieux.
Et la preuve irréfutable de cette affirmation se déduit du fait que
depuis le jour de la mise en vigueur des théories nouvelles le
nombre des hommes adoptant la vie errante et oisive va diminuant
sans cesse. Je suis en mesure de citer le chiffre des décisions des
juges de paix de Bruxelles, plaçant pour la première fois un individu à la disposition du gouvernement. En 1893 il y avait eu un
total de 2,629 décisions ; ce chiffre était tombé à 1,600 en 1893. Les
résultats sont les mêmes pour le reste du pays. Je ne puis pas, à
raison du retard que l'administration à laquelle j'avais demandé
les renseignements met dans ses réponses, donner les détails précis pour le pays entier.

L'examen du chiffre total et global des mises à la disposition
du gouvernement depuis 1891 et sa comparaison avec les chiffres
fournies par les années antérieures confirment la conclusion déduite
du résultat donné plus haut. Je cite ces détails en second lieu seulement parce que, si l'on constate une diminution on pouvait toujours objecter qu'elle était factice, que depuis 1892 les indigents
subissant un internement minimum de deux ans, ne pouvaient
prendre leur système antérieur de se faire condamner annuellement à plusieurs internements fort brefs.

Voici la situation dans l'arrondissement de Bruxelles : En 1890.

il y avait eu 5,445 jugements ; 7,271 en 1891. En 1892 il n'y a plus
que 3,993 décisions et en 1893, 2,006 seulement (1).

Je trouve dans les discours de M. Lejeune, ministre de la justice,
à la Chambre des représentants, les résultats obtenus dans toute la
Belgique. En 1891, il y eut environ 16,000 entrées aux colonies de
bienfaisance ; 12,000 en 1892 ; 7,000 en 1893. Les étrangers indigents fuient notre territoire. Il y en eut 8,130 arrêtés en 1890 ;
8,334 en 1891 ; 4,764 en 1892.

Mais une question plus importante est celle de savoir si le
régime adopté assure réellement l'hospitalisation et l'assistance
aux vieillards, aux malades, aux sans-travail ; si ce régime est suffisamment moralisateur et répressif pour le mendiant et pour le
vagabond professionnel. Il me paraît qu'il est extrêmement difficile de donner déjà une réponse définitive à ces questions.

Dans le tableau indiquant le chiffre des décisions rendues par
les juges de paix de Bruxelles à l'égard des contrevenants à la loi
de 1891, un fait qui aura été remarqué, c'est que le nombre des
acquittements prononcés est restreint. La situation est la même
dans tout le pays. Jusqu'ici, faute de ressources, faute d'organisation, on se contente trop de ne rechercher que la preuve du fait
incriminé, l'aveu de l'indigent ; on étudie peu les circonstances

(1) Voici comment se répartissent les chiffres :

1890

Acquittements	375
Condamnés à l'amende	74
Mis à la disposition du gouvernement	4.996
	5.445

1891

Acquittements	704
Condamnés à l'amende	164
Mis à la disposition du gouvernement	6.403

1892

Acquittements : personnes de moins de 18 ans ; personnes de plus de 18 ans	504
Maisons de refuge	1.817
Dépôts de mendicité	1.557
	3.993

Acquittements, 504 ; 2,629 individus condamnés pour la première fois ; 341 condamnés 2 fois ; 21 condamnés 3 fois.

1893

Acquittements	196
Maisons de refuge	930
Dépôts de mendicité	805
Ecoles de bienfaisance	75
	2.006

qui pourraient amener une intervention autre que celle de l'État.

La conséquence de ce fait, c'est que dans la maison de refuge on rencontre des vieillards, des malades, des sans-travail honnêtes, et des vieillards, des malades trop corrompus pour pouvoir être reçus dans un hospice, un hôpital; des sans-travail qui ont besoin de se relever. Tous ces hommes se coudoyant chaque jour, il en résulte que les bons sont exposés à être corrompus. Certes l'administration et les sociétés de patronage cherchent à placer les infirmes dans les asiles qui leur sont destinés. Mais les places ne sont pas toujours vacantes, les efforts doivent se réduire à un petit nombre d'individus, l'œuvre elle-même étant d'institution trop récente. Il est à espérer que dans l'avenir cet inconvénient n'existera plus.

Je crois aussi qu'actuellement le séjour du refuge n'est guère favorable à l'homme valide parce que la population qui l'entoure est très démoralisée, et que le travail imposé est principalement du travail agricole; on n'a pu encore installer tous les ateliers nécessaires. Mais en attendant nombre d'indigents ne font pas grand'chose et n'apprennent pas beaucoup. L'achèvement des installations est en voie d'exécution. Alors seulement on sera en mesure d'apprécier la valeur du système.

Un inconvénient sérieux, auquel il sera fort difficile de remédier, c'est que la classe bourgeoise, les malheureux eux-mêmes ne se rendent pas un compte exact de la nature de la décision du juge de paix plaçant un homme à la disposition du gouvernement pour être interné dans une maison de refuge. On ne voit que l'intervention du magistrat répressif, on ne tient compte que de l'ordre donné d'enfermer. On se demande la raison d'être de tout cet appareil judiciaire quand un homme n'a rien fait de répréhensible. On doute, on tient la personne à l'écart, celle-ci revient devant le juge et souvent retourne à l'établissement qu'elle venait de quitter.

Quant aux *professionnels*, l'obligation où ils se trouvent de travailler et d'être pendant longtemps privés de toutes les douceurs de la liberté, leur donne à réfléchir. Merxplas constitue pour eux un « enfer ». Il est vrai que la promiscuité qui y règne est grande; mais la surveillance est sévère, les faits d'immoralité sont difficiles; l'enseignement du vice est moins dangereux : ces hommes sont tous dépravés à un degré extrême. Malgré ces inconvénients, le dépôt doit être maintenu : « aux contagions, comme le disait M. Lejeune, il faut des lazarets. »

Le patronage est la condition *sine qua non* du reclassement des indigents libérés. Voici une statistique que M. Batardy a bien voulu me communiquer. Cette statistique va du 1er janvier au 15 mai 1894 : 716 reclus ; 446 du refuge et 270 du dépôt ont été libérés après intervention du comité. 98, soit 14 % seulement, ont dû déjà être réintégrés. Il importe de rapprocher ces chiffres de l'effrayante proportion des réintégrations constatées pour ceux qui refusent le concours du patronage : elle atteint, selon les saisons, 50 % à 85 et 90 % et ce dans les 3 mois.

Quatre cent quatre-vingt-six ont été libérés sans démarches spéciales, de l'avis des membres visiteurs ; 52 après vérification par nos correspondants de l'exactitude de leurs obligations ou du bien fondé de leurs espérances de reclassement ; 28 ont persisté à demander leur libération malgré l'échec de toute démarche. De ce nombre total (566), 86 ont été réintégrés.

Certaines personnes ne se montrent pas fort enthousiastes des efforts faits par le comité de patronage et soutiennent qu'on a abouti à un échec. L'œuvre est, je crois, trop récente pour qu'on puisse formuler un avis sérieux. Dans tous les cas, je tiens à faire remarquer que la récidive est de 14 % en 3 mois, donc 50 0/0 environ sans doute à la fin de l'année ; et ce qui me permet de formuler cette réserve, c'est le fait que depuis quelques mois le chiffre des mises à la disposition du gouvernement est supérieur à celui des mois correspondants des années antérieures.

En résumé, la loi belge sur la répression de la mendicité et du vagabondage est juste. La sévérité avec laquelle elle frappe les *professionnels* nous permet d'espérer une diminution sérieuse du chiffre de cette classe d'individus. Mais l'efficacité des dispositions prises à l'égard des *malheureux* dépend du soin que prendra l'administration, déjà si puissante et si indépendante, à empêcher l'encombrement de la maison de Wortel.

L. PUSSEMIER,
avocat près la Cour d'appel de Bruxelles.

Paris. — Imp. F. Levé, rue Cassette, 17.

SOCIÉTÉ INTERNATIONALE D'ÉCONOMIE SOCIALE

La Société, fondée par Le Play, s'est constituée le 27 novembre 1856, pour remplir le vœu exprimé par l'Académie des sciences, en couronnant l'ouvrage intitulé les *Ouvriers européens*. Elle applique à l'étude comparée des diverses constitutions sociales la méthode d'observation, dite des monographies des familles. Elle reproduit les monographies les plus remarquables dans le recueil intitulé les *Ouvriers des deux mondes*, et publie le compte rendu *in extenso* de ses séances dans la *Réforme sociale*, bulletin de la Société d'économie sociale et des Unions.

La *Société d'Économie sociale* se compose de *Membres honoraires* versant une cotisation de 100 francs par an, au minimum, et de *Membres titulaires* payant 25 francs. L'un et l'autre de ces deux prix donnent droit à recevoir la *Réforme sociale*, qui est adressée à tous les Membres deux fois par mois, le 1er et le 16 ; et les *Ouvriers des deux mondes* qui paraissent par fascicules trimestriels.

LES UNIONS DE LA PAIX SOCIALE

Les *Unions* ont pour but de propager et de mettre en pratique les doctrines de l'*École de la paix sociale*. Elle sont réparties par petits groupes en France et à l'étranger. Leur action s'exerce par l'intermédiaire de CORRESPONDANTS locaux.

Les membres sont invités à transmettre au secrétariat général les faits qu'ils ont pu observer autour d'eux, ou les renseignements qui sont parvenus à leur connaissance. Ces communications sont, suivant leur importance, mentionnées ou reproduites dans la *Réforme sociale*.

Les *Unions* se composent de membres *associés* et de membres *titulaires*. Les membres *associés* versent une cotisation annuelle de 15 francs (France et étranger) qui leur donne droit à recevoir deux fois par mois la *Réforme sociale*, bulletin de la *Société* et des *Unions*. Les *membres titulaires* concourent plus intimement aux travaux qui servent de base à la doctrine des *Unions* ; ils payent, outre la cotisation annuelle, un droit d'entrée de 10 francs au moment de leur admission, et reçoivent, en retour, pour une *valeur égale* d'ouvrages choisis dans la *Bibliothèque de la paix sociale* et livrés au prix de revient.

Pour être admis dans les *Unions de la paix sociale*, il faut être présenté par un membre, ou adresser directement une demande d'admission au Secrétaire général, rue de Seine, 54, à Paris. — Les noms des membres nouvellement admis sont publiés dans la *Réforme sociale*.

LA RÉFORME SOCIALE

Bulletin de la Société d'Économie Sociale
et des Unions de la Paix Sociale.

Les personnes étrangères aux deux Sociétés peuvent s'abonner aux conditions suivantes :

FRANCE : UN AN 20 fr.; SIX MOIS 11 fr. | EUROPE : UN AN 25 fr.; SIX MOIS 14 fr

Hors d'Europe : le port en sus.

Les abonnements partent du 1er de chaque mois.

CHAQUE LIVRAISON : 1 FRANC